CE QUI PLAIT AUX DAMES,

BALET-PANTOMIME,

EN TROIS ACTES.

A PARIS,

Chez ROULLET, libraire du Théâtre de l'Académie Impériale de Musique, rue des Poitevins, n°. 7.

1806.

A MONSIEUR GARDEL,

Maître des Ballets de sa MAJESTÉ l'EMPÉREUR et ROI, chef de la Danse de l'Académie Impériale de Musique et membre de la société Philotechnique.

MONSIEUR,

DURANT les loisirs forcés que me laisse l'état de ma santé qui ne me permet pas de paroître au théâtre, j'ai cru ne devoir pas rester entierement oisif. Ma passion pour un art qui vous doit tant de chef-d'œuvres et dont vous avez 'reculé les limites, n'a pas été la seule cause qui a soutenu mon courage et déterminé mes efforts. J'y étois engagé par un motif bien puissant ; celui de justifier, par quelque conception véritable- ment digne du public, les encouragemens donnés à mon premier Ballet.

J'ai donc composé deux nouveaux Ballets sur deux sujets opposés ; mais qui m'ont paru éminemment théâtrals. L'un est *Paul et Virginie*, l'autre le Conte de Voltaire, intitulé : *Ce qui plaît aux Dames*. Je puis vous assurer, sur mon honneur, que le premier de ces Ballets étoit entièrement écrit, que j'en avois achevé les dessins, avant même d'avoir entendu dire, et qu'il fut question que vous eussiez le projet de traiter le même sujet ; c'est ce que plusieurs personnes connues et dignes de foi peuvent attester ; mais aussitôt que j'ai appris que vous vous occupiez d'enrichir l'Académie Impériele de Musique, d'une de vos productions, sur le même sujet que celui que j'avois traité, je n'ai pas balancé un instant à renfermer ma pièce dans mon porte-feuille, et malgré la peine qu'elle m'avoit coûtée, j'ai renoncé à la voir représenter, dumoins sur le théâtre de l'Opéra de la capitale de l'Empire. J'ai cru devoir attendre, même pour en parler, que le succès de votre nouveau Ballet et l'anthousiasme qu'il a excité pour votre talent, éloignât toute idée de concurrence de ma part. L'intérêt du public et le mien me firent un devoir d'en agir ainsi; si en effet, j'avois présenté mon Ballet à l'administration avant que le vôtre fut prêt, j'aurais pu priver le public de votre nouveau Chef-d'œuvre, pour une production d'un mérite bien inférieur sans doute, et je me serois privé, dans la carrière que je parcours, des utiles conseils d'un des premiers maîtres de l'Art, et de l'appui nécessaire d'un supérieur, dont la bienveillance d'ailleurs m'est plus chère que les plus brillans succès.

Si ma conduite, dans cette circonstance, ne méritoit aucune louange, dumoins j'étois loin de penser qu'elle put donner aucune prise à la critique, et je n'aurois jamais pu croire que mes ennemis pussent en profiter pour me calomnier auprès de vous : mais ce que je ne puis même concevoir, ils l'exécutent. Je suis loin de porter envie à leur science profonde et à leur grande habileté ; j'abhorre également la théorie et la pratique de cet art funeste ;

non, jamais je ne pourrois consentir à repousser, avec les mêmes armes que l'on emploie contre moi, les coups que l'on cherche à me porter.

Je pense, Monsieur, être suffisamment connu de vous, et n'avoir pas besoin de justifier par une longue explication la pureté de mes intentions.

Je viens actuellement au sujet principal de cette lettre qui a pour but de vous faire hommage du programme du second Ballet que j'ai composé. J'ai déja, depuis remis entre les mains d'un protecteur, aussi éclairé que judicieux, de l'Académie Impériale de Musique, le manuscrit de ce programme, j'ignore encore ce qu'il pense de la manière dont j'ai traité ce sujet : mais je sais du moins qu'il l'a trouvé très favorable pour un Ballet.

C'est pour donner à celui que j'ai composé toute la perfectiion dont il est susceptible que j'ai jugé à propos d'en faire imprimer le programme à un petit nombre d'exemplaires pour m'éviter des frais de copies et profiter des avis de mes camarades et de mes amis.

Si vous daignez, Monsieur, m'accorder vos conseils, et votre appui je pourrois espérer que malgré mes foibles talens cette production ne seroit pas toute à fait indigne d'être adoptée par l'Administration.

Si ensuite votre aimable compagne qui a tant coutribué au succès de mon premier Ballet consentoit à remplir le principal rôle dant celui-ci je paroîtrois avec moins de crainte devant le tribunal d'un public éclairé, mais devenu sévère par l'abondance et le charme de vos productions en ce genre.

J'ai l'honneur d'être,

MONSIEUR,

Votre très-humble et très-obéissant serviteur,
L. HENRY.

ÉPITRE

AUX DAMES.

Ce qui vous plaît, c'est de regner sur nous ;
Vous préférez ce bonheur à tout autre.
J'en connois un bien plus doux que le vôtre ;
C'est le plaisir de se soumettre à vous.

(Fée Urgelle.)

PERSONNAGES.

La FÉE URGELLE.
La REINE BERTHE.
Le CHEVALIER ROBERT.
LICIDAS, BERGER.
PHILINTE, autre BERGER.
LISETTE, BERGERE.
Nymphes, Esprits, Ombres et Habitans
de la cour de la Reine Berthe.

La Scène se passe en France, près de Paris.

ACTE PREMIER.

Le Théâtre représente une immense Forêt.

Au lever de la toile le Chevalier Robert est endormi sur un Banc de gazon, ses armes sont suspendues après une branche d'arbre.

La feé Urgelle paroît sur un nuage et fait voir combien elle est éprise du chevalier. Au moment où elle va pour le réveiller, elle est arrêtée par une puissance invisible. Etonnée de ce prodige, elle a recours à ses enchantemens.

La forêt se couvre de ténèbres et l'on voit sortir du sein de la terre des Ombres et des Esprits; l'un de ces derniers trace sur un nuage ces mots en lettres de feu.

Tu ne pourras te faire connoître au Chevalier qu'après t'en avoir fait aimer, sous .la figure d'une vieille.

Les ombres et les esprits disparoissent.

La fée Urgelle désespérée ne sait que résoudre; prenant tout à coup une résolution, elle appelle ses Nymphes, qui paroissent aussitôt et lui apportent un habit de paysanne. Lorsqu'elle va pour s'en revêtir on entend le son du Cor. Elle s'éleve dans les airs avec ses Nymphes.

Du fond de la forêt on voit arriver la Reine Berthe, suivie des dames de sa cour, habillées en Chasseresses. L'une de ces dames aperçoit le Chevalier et le fait remarquer à ses compagnes qui toutes le trouvent charmant. La Reine est celle qui le regarde avec le plus d'attention. Le voyant prêt à s'éveiller, elle lui fait enlever ses armes et ordonne aux Dames de la cour de s'éloigner. Elle marque l'impréssion que Robert a fait sur son cœur et se cache derriere un buisson.

Le chevalier s'éveille et paroît étonné de ne plus retrouver ses armes

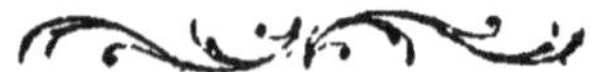

La Fée Urgelle sous la figure d'une paysanne, passe dans le lointain. Elle porte sur sa tête une corbeille remplie de fleurs. Le Chevalier l'aborde et lui demande si elle n'a pas vu ses armes; elle continue son chemin sans lui répondre. Robert piqué l'arrête et va pour lui reprocher son silence; mais il la trouve si jolie qu'il s'appaise aussitôt et veut lui prendre un baiser. Elle l'évite et cherche à s'éloigner. Robert la presse si vivement qu'il parvient a l'embrasser. En se débattant elle laisse tomber son panier. Voyant ses fleurs abimées elle se met à pleurer.

La Reine furieuse de ce qu'elle vient de voir, paroît et reproche au Chevalier sa déloyauté. La paysanne tombe à genoux et demande justice. Berthe appelle ses Dames et leur montre Robert qui vient d'outrager la paysanne, toutes le regardent avec courroux. Après avoir tenu conseil, l'une d'elles grave ces mots sur un arbre :

Robert est condamné à mort.

Le Chevalier demande grace, elles sont inflexibles. La Reine seule est prête à pardonner, la paysanne lui représente que l'arrêt est sévère· Berthe cherche les moyens de sauver Robert, tout à conp elle paroît inspirée et trace ces caractères à la suite de la sentence.

*Il obtiendra sa grace, s'il peut dire, avant
la fin du jour,* Ce qui plait aux Dames.

Toutes les dames de la cour approuvent la Reine.
Robert paroît embarrassé et désespére de pouvoir
éviter la mort. Berthe lui observe que le jour ne
fait que de commencer, et qu'il peut avant la fin
deviner le secret qu'on exige de lui. Robert demande la permission de s'éloigner afin d'y reflé-
chir. La Reine lui accorde après lui avoir fait
jurer de revenir. Elle recommence à chasser avec
ses dames et s'enfonce dans la forêt. La fée Urgelle
en s'éloignant témoigne le plaisir qu'elle éprouve
de voir réussir son projet.

FIN DU PREMIER ACTE.

ACTE II.

Le Théâtre représente une Prairie.

LA fée Urgelle paroît à la tête de ses Nymphes, qui la revêtent d'un habit de Vieille, dont elle imite la marche et les manières. Les Nymphes lui font compliment et dansent au tour d'elle.

Robert arrive triste et rêveur, les Nymphes interrompent leur danse et lui demandent ce qui cause sa douleur. Il leur apprend qu'il subira la mort s'il ne peut dire avant la fin du jour : *Ce qui plaît aux Dames*.

Les Nymphes rient beaucoup de l'embarras où il se trouve et se mettent à danser. Il les arrête et les conjure de lui dire ce qui leur plaît. Une d'elles forme plusieurs pas et lui dit que c'est la danse; une autre jouant d'un Luth, pendant que trois jeunes filles forment des grouppes, lui fait entendre que c'est la musique; une troisieme se regarde dans une fontaine en ajustant ses cheveux et ses habits, après avoir exécuté une danse voluptuese, elle lui dit que c'est la coquetterie. Voyant qu'elles se contredisent, il va pour s'éloigner. La Vieille l'arrête et lui dit qu'elle connoît un secrêt, qui peut le sauver, et qu'elle lui révélera s'il consent à l'épouser. Robert recule avec horreur. Les Nymphes se moquent de la Vieille et disent au chevalier qu'il ne peut courir aucun danger et qu'il peut lui promettre de l'épouser. Robert sans hésiter donne sa foi de chevalier. Alors la vieille lui dit que *ce qui plait aux Dames*, est de les aimer et de leur être entierement soumis. Les Nymphes conviennent que c'est effectivement ce qui leur plait davantage et lui disent qu'il doit épouser la Vieille. Robert sans leur répondre part pour la cour d'Amour. La Vieille et les Nymphes le suivent de loin.

Le Théâtre change et représente la cour d'Amour. Sur la droite est un trône, dans le fond des gradins disposés pour recevoir des Juges.

BERTHE suivie de toute sa cour, arrive au son des instrumens. Elle monte sur son trône et ses Dames se placent sur les gradins.

Lisette poursuivie par deux bergers vient se refugier au pied du trône. La Reine fait arrêter les bergers. Ceux-ci représentent qu'ils ont des droits sur Lisette. Philinte montre la couronne qui orne la tête de cette Bergère, et Licidas un ruban qu'il

porte

porte à son chapeau. Berthe pour être mieux ins-
truite leur dit de répéter ce qui s'est passé entr'eux.
Elle apprend, par la pantomime qu'elle leur voit
exécuter, que Lisette, en recevant une couronne
de Philinte, donna un ruban à Licidas. Voyant
que c'est une coquette, elle la congédie en disant
aux Bergers que l'un et l'autre doivent renoncer
à l'épouser.

Robert paroît, toutes les Dames quittent leurs
sieges pour le regarder. La Reine fait un signe et
elles reprennent leurs places. Le Chevalier s'incline, et s'adressant à Berthe, lui dit : que *ce qui
plait aux Dames* : est de les aimer et de leur être
entierement soumis. Toute la cour se leve et l'ab-
sout d'un commun accord. Ses armes lui sont
rendues, il les dépose aux pieds de la Reine.
Berthe, sensible à cet hommage lui témoigne sa
reconnoissance.

Une Fête générale.

Lorsque la Reine danse avec le Chevalier, la fête
est interrompue par l'arrivée de la Vieille et des
Nymphes. Robert paroît déconcerté. La Vieille
s'approche de lui et le prie de la suivre. Voyant
qu'il s'y refuse, elle entre en courroux. S'a-

dressant à toute la cour, elle dit que Robert lui
a juré de l'épouser et que ce n'est qu'à cette con-
dition qu'elle lui a révélé *ce qui plait aux Dames.*
Les Nymphes attestent la vérité de ce fait. Le Chevalier lui même en convient. La cour s'assemble
de nouveau et délibère qu'il épousera la Vieille.
Berthe voyant que ce mariage peut favoriser ses
projets amoureux ne s'y oppose pas. Elle ordonne
de continuer la fête. Robert se désespère et ne
sait qu'elle contenance tenir. La Reine le remar-
quant se retire avec sa cour. Le Chevalier re-
prend ses armes et la Vieille l'entraîne.

FIN DU DEUXIEME ACTE.

ACTE III.

Le Théâtre représente une Chaumiere au milieu d'une campagne, il fait nuit, la lune éclaire faiblement.

LA Vieille amene Robert, qui s'obstine à ne pas la regarder. Elle veut le faire entrer dans sa chaumière : mais ne peut y parvenir. Voyant arriver la Reine Berthe et pénétrant ses desseins, elle entre seule.

Robert maudit sa destinée.

Berthe paroît, elle déclare son amour au Chevalier, lui offre le partage de sa couronne et l'engage à la suivre à sa cour. Robert pénétré de reconnoissance tombe à genoux et se prépare à partir.

La fée Urgelle a déja repris ses habits de paysanne. Berthe l'apercevant lui ordonne de se retirer et veut entraîner le Chevalier. Celui-ci vole vers la paysanne. Berthe indignée fait éclater toute sa jalousie. Ni les menaces ni les prières ne peuvent éloigner Robert de la paysanne. La Reine furieuse de recevoir une telle injure part en promettant de s'en venger.

Lorsque la Reine est éloignée, la paysanne plaisante le Chevalier sur ce qu'il préfére une vieille à Berthe. Il va pour lui parler d'amour lorsqu'elle se sauve dans la Chaumière.

L'infortuné Robert désespéré de se voir ainsi trompé tire son Epée et va pour se percer.

La Vieille accourt avec précipitation et l'arrête. Elle lui reproche de vouloir l'abandonner, et cherche à le consoler en lui prodiguant de tendres caresses. Robert étonné des manières aimables de cette Vieille, s'approche d'elle, se rappelant sa laideur, il recule avec horreur.

Une Nymphe sans être aperçue du chevalier apporte une Lyre à la Vieille. Celle-ci se met a en jouer avec tant de perfection que Robert prête la plus vive attention. Ne pouvant résister à cette mélodie, il se rapproche de la Vieille. Cette derniere s'apercevant de l'"impression que l'harmonie produit sur lui, continue à jouer de la Lyre, en y joignant le charme de la danse. Robert transporté de plaisir, forme quelques grouppes avec elle : trompé par tant de graces il oublie qu'elle est Vieille et lui donne un baiser.

Les habits de Vieille s'anéantissent, la chaumière se change en un superbe palais et le jour revient. Le Chevalier reconnoît la paysanne dans la personne d'une jeune Fée. Il ne peut revenir de sa surprise qu'après qu'elle lui à persuadé que ce n'est point un songe. Alors s'abandonnant à son bonheur, il la presse sur son sein.

Berthe précédée et suivie des gardes arrive à pas précipités. Elle est fort étonnée de voir le Palais à la place de la chaumière, reconnoissant la Fée, elle s'incline et lui dit qu'elle renonce au Chevalier.

Un Divertissement Général.

FIN.

www.ingramcontent.com/pod-product-compliance
Lightning Source LLC
LaVergne TN
LVHW050227180726
843501LV00013BA/3216